BE YOUR WORLD

BE YOUR WORLD

Lebe, wer du wirklich bist

Eine Philosophie des persönlichen Erwachens – von der inneren Stimme zur gelebten Welt, zwischen Freiheit, Verantwortung und Wahrheit.

IMPRESSUM

Titel:

BE YOUR WORLD – Lebe, wer du wirklich bist

Autor:
Bernhard Wiesbeck
kontakt@be-your-world.com
https://be-your-world.com

Bestellnummer:
ISBN: 978-3-7693-9022-3

Verantwortlich für den Inhalt nach § 55 Abs. 2 RStV:
Bernhard Wiesbeck

Konzeption & Gestaltung:
Bernhard Wiesbeck

Lektorat & Redaktion:
Unterstützt durch KI

Covergestaltung & Illustrationen:
Unterstützt durch KI

Verlag:
BoD · Books on Demand GmbH, Überseering 33, 22297 Hamburg,
bod@bod.de
Druck: Libri Plureos GmbH, Friedensallee 273, 22763 Hamburg

Haftungshinweis:
Trotz sorgfältiger inhaltlicher Kontrolle übernehmen wir keine Haftung für die Inhalte externer Links.
Für den Inhalt der verlinkten Seiten sind ausschließlich deren Betreiber verantwortlich.
Hinweis zur gendergerechten Sprache:
Aus Gründen der Lesbarkeit wird in diesem Buch zum Teil auf eine geschlechtsspezifische Differenzierung verzichtet.
Alle personenbezogenen Formulierungen gelten gleichermaßen für alle Geschlechter.

Autor: Bernhard Wiesbeck

Bernhard Wiesbeck, Autor, Dozent und Mentor, begleitet seit vielen Jahren Menschen in Fragen der Lebensgestaltung, Bewusstseinsentwicklung und innerer Klarheit. Seine Texte verbinden Tiefgang mit Alltagstauglichkeit und laden zur Rückverbindung mit sich selbst ein – jenseits von Selbstoptimierung oder Schnelllösungen.

INHALTSVERZEICHNIS

Vorwort

Es gibt einen Moment im Leben, in dem wir spüren: So wie es ist, kann es nicht weitergehen – nicht, weil alles schlecht ist, sondern weil etwas fehlt. Vielleicht kennst du diesen Moment. Es ist kein lauter Bruch. Eher ein stilles Sehnen. Ein inneres Flüstern: *Da ist mehr.*

Dieses Buch ist aus genau so einem Moment entstanden. Es ist kein Ratgeber. Kein Rezeptbuch für Glück. Und schon gar keine Anleitung, wie du ein besserer Mensch wirst. Vielmehr ist es eine Einladung – zu dir selbst. Zu einer Reise, die dich nicht verändern soll, sondern erinnern. An das, was du längst bist.

BE YOUR WORLD ist das Ergebnis meiner eigenen Suche. Nach Sinn. Nach Wahrheit. Nach einem Leben, das nicht mehr wie eine Rolle wirkt – sondern wie ein echter Ausdruck dessen, was mich ausmacht. Ich habe in diesem Buch Werkzeuge gesammelt, die mir und vielen meiner Klient:innen geholfen haben, wieder in Kontakt zu kommen: mit sich selbst, mit ihrer Kreativität, mit ihrer Wirkungskraft.

Das Buch ist in 15 Module gegliedert. Sie folgen einer inneren Logik – von der Selbsterkenntnis über Selbstführung bis zur Frage, wie du deine Transformation weitergibst. Du wirst eingeladen, zu reflektieren, zu schreiben, zu fühlen, zu gestalten. Nicht, um jemand Neues zu werden. Sondern um **du selbst zu sein – ganz**.

Wenn du dieses Buch aufschlägst, trittst du über eine Schwelle. Es ist kein schneller Durchlauf, sondern ein Raum. Ein Raum, in dem du dich erforschen darfst. Du darfst langsam sein. Du darfst lachen, weinen, schweigen. Alles ist willkommen, was echt ist.

Ich danke dir, dass du dich auf diesen Weg einlässt. Ich danke dir für deinen Mut, dich zu erinnern. Und ich wünsche dir, dass du am Ende dieser Reise nicht nur etwas über dich gelernt hast – sondern dass du etwas **von dir zurückgewonnen hast.**

Mit Wertschätzung,
Bernhard Wiesbeck

Einleitung

Dieses Buch ist ein Erfahrungsraum. Es begleitet dich auf einer inneren Reise, deren Ziel nicht im Außen liegt – sondern in der Rückverbindung zu dem, was in dir schon immer wahr war. Es lädt dich ein, dich zu ent-decken, dich zu klären, dich zu gestalten – und aus dieser Klarheit heraus deine Welt zu formen.

BE YOUR WORLD besteht aus drei aufeinander aufbauenden Phasen, die jeweils fünf Module umfassen:

Phase 1: SELBSTERKENNTNIS – Die Innenwelt erforschen

Hier geht es darum, Klarheit über dich selbst zu gewinnen. Du erkennst deine Werte, deine Muster, deine inneren Stimmen – und beginnst, dich von alten Blockaden zu lösen. Du wirst lernen, deiner Essenz zu vertrauen und deinen inneren Raum zu bewohnen.

Phase 2: SELBSTFÜHRUNG – Die Alltagswelt gestalten

In dieser Phase bringst du Struktur und Bewusstsein in dein Leben. Du arbeitest mit Zeit, Energie, Gewohnheiten, Beziehungen und Ressourcen. Du stärkst deine Resilienz, entwickelst emotionale Intelligenz und lernst, aus dir heraus zu führen.

Phase 3: SELBSTAUSDRUCK – Deine Wirkung in die Welt bringen

Jetzt geht es darum, sichtbar zu werden. Du findest deine Sprache, deinen kreativen Ausdruck, deine Berufung. Du erkennst deine Wirkungskreise, gestaltest deine Umgebung bewusst mit – und gibst weiter, was du erkannt hast.

Jedes Modul enthält Impulstexte, Reflexionsfragen, Methoden und Übungen. Du kannst sie in deinem Tempo durchgehen, vertiefen und in dein Leben integrieren. Das Buch ist kein lineares Lehrbuch – sondern ein Begleiter, den du immer wieder aufschlagen kannst.

Am Ende wirst du kein neuer Mensch sein. Aber ein verbundener. Ein bewusster. Und ein schöpferischer.

Denn deine Welt beginnt dort, wo du beginnst, dich selbst zu leben.

So nutzt du dieses Buch

Dieses Buch ist kein klassisches Sachbuch – es ist ein Erfahrungsraum. Du kannst es als Kurs, als Tagebuch, als Reisebegleiter oder als Quelle der Rückverbindung nutzen. Alles, was du brauchst, ist Offenheit, Zeit und die Bereitschaft, dir selbst zu begegnen.

Aufbau des Buches

- **15 Module** in drei Phasen (Selbsterkenntnis, Selbstführung, Selbstausdruck)
- Jedes Modul enthält: Impulstext · Methode(n) · Reflexionsfragen · kreative Übung
- Du kannst linear arbeiten oder das aufschlagen, was dich gerade ruft

So gehst du vor

1. Lies den Impulstext in Ruhe – gerne mehrfach.
2. Halte inne. Spüre, was bei dir in Resonanz geht.
3. Nimm dir für die Übungen bewusst Raum (z. B. in einem Journal).
4. Kehre nach Tagen oder Wochen wieder zurück – Erkenntnisse vertiefen sich mit Zeit.

Was du brauchst

- Ein Notizbuch
- Einen ruhigen Ort zum Schreiben und Nachspüren
- Neugier und die Erlaubnis, nicht alles sofort „lösen" zu müssen

Empfehlung

Gönn dir für jedes Modul einen eigenen Zeitrahmen – z. B. einen halben Tag, eine Woche oder ein Morgenritual. Und wenn du stockst: auch das ist Teil des Weges. Transformation geschieht nicht auf Knopfdruck – sondern im Raum zwischen den Seiten.

BE YOUR WORLD ist kein Ziel. Es ist deine gelebte Praxis.

Einführung in Phase 1: SELBSTERKENNTNIS

„Du kannst nicht werden, wer du bist, solange du nicht erkennst, wer du warst – und wer du nie wirklich warst."

Willkommen in der ersten und vielleicht tiefsten Etappe deiner Reise: der Rückkehr zu dir selbst. Diese Phase ist keine lineare Abhandlung – sie ist ein Prozess des Erinnerns, ein Aufwachen aus der Fremdbestimmung und ein radikales Hinschauen auf das, was dich im Innersten bewegt.

Viele Menschen versuchen, ihr Leben im Außen zu verändern – den Beruf, die Beziehungen, die Umgebung. Doch wahre Transformation beginnt innen. Genau hier. In dir.

In Phase 1 lernst du,
- deine wahre Essenz freizulegen,
- alte Muster zu durchbrechen,
- emotionale Klarheit zu gewinnen

– und deinem inneren Kompass zu vertrauen.

Du wirst herausfinden, welche Stimmen wirklich zu dir gehören und welche dich jahrelang fehlgeleitet haben. Du wirst Fragen stellen, die vielleicht unbequem sind – aber genau diese Fragen öffnen Türen zu ungeahnten Möglichkeiten.

Diese Phase schenkt dir **Selbstkenntnis statt Selbstoptimierung,** Tiefe statt Ablenkung, und Stille statt Lärm.

Mach dich bereit für eine sanfte, ehrliche, kraftvolle Begegnung mit dem Menschen, der du im Kern bist.

Modul 1: Enthüllung deiner wahren Essenz

„Nicht wer du sein solltest, sondern wer du bist, wartet darauf, entdeckt zu werden."

Einführung

In jedem von uns liegt eine Essenz – ein innerer Klang, eine ureigene Signatur. Sie wird oft überdeckt von Erwartungen, Rollen und gesellschaftlichen Normen. Dieses Modul ist eine Einladung, dich auf drei Ebenen deiner Essenz zu nähern: über deine Werte, deine Biografie und archetypische Kräfte.

Teil 1: Werteanalyse – Was ist dir wirklich wichtig?

Werte sind nicht bloße Konzepte, sondern Herzenskompasse. Sie zeigen dir, was dich bewegt und antreibt.

Reflexionsfragen:

- Welche Situationen in deinem Leben haben dir ein tiefes Gefühl von Sinn gegeben?

- Wann warst du innerlich im Widerstand – und was wurde da verletzt?

- Was sind drei Werte, für die du bereit wärst, gegen den Strom zu schwimmen?

Übung:

→ Wähle spontan 10 Werte aus der folgenden Liste und reduziere sie anschließend auf 3 Kernwerte:

Freiheit, Klarheit, Liebe, Kreativität, Verbundenheit, Tiefe, Wahrheit, Wachstum, Mitgefühl, Abenteuer, Stille, Struktur, Authentizität, Mut, Weisheit.

Notiere deine Top 3:

1.

2.

3.

Übertrag: Wie wirken diese Werte in deinem Alltag – beruflich, privat, innerlich?

Teil 2: Biografische Reflexion – Deine Geschichte als Schatzkarte

Deine Vergangenheit ist ein lebendiges Archiv. In ihr schlummern Hinweise auf deine Essenz und Prägungen.

Schreibe je 3–5 Sätze zu folgenden Punkten:

- Ein prägender Moment deiner Kindheit
- Eine Entscheidung, die dein Leben stark beeinflusst hat
- Ein Schmerz, der dich geformt hat
- Eine Begegnung, die dich tief berührt hat
- Ein gelebter Traum – oder ein geplatzter

Vertiefung: Welche roten Fäden erkennst du? Gibt es unterdrückte Sehnsüchte?

Zusatzaufgabe: Schreibe deine Lebensgeschichte in sechs Sätzen – mit Fokus auf inneres Wachstum.

Teil 3: Archetypenarbeit – Wer wirkt in dir?

Archetypen sind innere Kräfte und universelle Persönlichkeitsanteile, die dir Zugang zu deinen Potenzialen geben.

Wähle drei Archetypen, die dich intuitiv anziehen:

- Der Weise / Die Weise
- Der/die Rebell*in
- Der König / Die Königin
- Der Narr / Die Spielerin
- Der Krieger / Die Kriegerin
- Die Liebende / Der Liebende
- Der Magier / Die Heilerin
- Die Künstlerin / Der Schöpfer

Reflexion:

- Welcher Archetyp wird in deinem Leben zu wenig gelebt – warum?
- Welcher zeigt sich übermäßig – in welchem Kontext?
- Welcher ruft dich für deinen nächsten Lebensabschnitt?

Gestaltungsübung (optional): Zeichne ein Symbol oder wähle ein Bild für deinen wichtigsten Archetypen. Formuliere einen Leitsatz: „Wenn ich aus der Energie des/der ___________ lebe, dann …"

Abschlussimpuls: Dein Essenz-Statement

Formuliere einen Satz, der deine Essenz beschreibt – ohne Beruf, Status oder Rolle:

„Ich bin jemand, der …"

Lies diesen Satz täglich laut. Er ist nicht dein Ziel – er ist dein Ursprung.

Modul 2: Den Weg zu deinem Ziel aufzeigen

„Ein Ziel ohne Seele ist nur ein weiteres Projekt. Ein Ziel mit Tiefe ist ein Ruf."

Einführung

Nachdem du in Modul 1 deine Essenz erkundet hast, geht es nun darum, ihr eine Richtung zu geben. Nicht durch klassische Zielplanung, sondern durch Vision, Sinn und Verbindung mit deinem inneren Antrieb. Dieses Modul führt dich durch vier kraftvolle Schritte: Standortbestimmung, Zukunftsvision, tieferes Warum und konkretes Ziel-Mapping.

Teil 1: Das Lebensrad – Wo stehst du gerade?

Das Lebensrad zeigt dir in acht Lebensbereichen, wo du gerade stehst und wo Veränderung ruft.

Anleitung:

- Zeichne einen Kreis und unterteile ihn in 8 Segmente.
- Beschrifte die Segmente mit: Beruf & Berufung, Körper & Gesundheit, Emotionen & Beziehungen, Finanzen & materielle Sicherheit, Kreativität & Selbstausdruck, Persönliche Entwicklung & Spiritualität, Freizeit & Lebensfreude, Sinn & gesellschaftlicher Beitrag.
- Vergib für jeden Bereich eine Bewertung von 0–10.
- Verbinde die Punkte – das ergibt dein aktuelles „Lebensrad".

Reflexionsfragen:

- Wo zeigt sich ein Ungleichgewicht?
- Was ruft am stärksten nach Veränderung?

Teil 2: Deine Zukunftsvision – Reise in dein mögliches Leben

Stell dir vor, dein Leben ist in drei Jahren erfüllt und stimmig. Erschaffe ein inneres Bild – ohne Zensur.

Fragen zur Reflexion:

- Wo lebst du? Wie sieht dein Umfeld aus?
- Was tust du an diesem Tag?
- Wie fühlst du dich – körperlich, seelisch?
- Mit wem bist du verbunden?

- Was erfüllt dich – beruflich, kreativ, emotional?

Tipp: Beschreibe diesen Tag in Erzählform – als Tagebucheintrag aus der Zukunft.

Teil 3: Die Tiefe – 5-Why-Technik

Viele Ziele scheitern nicht an der Umsetzung, sondern daran, dass sie innerlich nicht verankert sind.

Anleitung:

- Wähle ein Ziel, das du gerade verfolgst.

- Frage dich fünfmal hintereinander: „Warum ist mir das wichtig?"

Beispiel:

Ziel: Ich möchte ein eigenes Projekt starten.

→ Warum? Um frei zu entscheiden.

→ Warum ist das wichtig? Weil ich mich oft fremdbestimmt fühle…

Reflexionsfragen:

- Was war dein tiefstes „Warum"?

- Spürst du dort Kraft oder Zweifel?

Teil 4: Ziel-Mapping – Von der Vision zum nächsten Schritt

Bringe deine Vision auf die Erde: vom großen Ziel zu konkreten Schritten.

Übung:

- Notiere dein übergeordnetes Ziel.

- Leite 3 Meilensteine für die nächsten 6–12 Monate ab.

- Überlege je einen ersten konkreten Schritt.

Beispiel:

Ziel: Kreativ selbstständig leben

- Meilenstein 1: Website erstellen → Schritt: Themenliste sammeln

- Meilenstein 2: Zeitmanagement verbessern → Schritt: Tagesstruktur skizzieren

- Meilenstein 3: Sichtbar werden → Schritt: Social-Media-Profil starten

Reflexionsfragen:

- Wie fühlt es sich an, in Bewegung zu kommen?

- Welche Blockade zeigt sich – und was wäre ein mutiger nächster Schritt?

Abschlussimpuls: Lebe in Richtung deiner Vision

„Nicht der Plan macht den Unterschied – sondern deine Entscheidung, loszugehen."

Mein nächster Schritt ist:

____

→ Starte heute. Nicht perfekt. Aber bewusst.

Modul 3: Navigieren durch persönliche Blockaden

„Nicht das, was uns fehlt, hält uns zurück – sondern das, was wir glauben, nicht zeigen zu dürfen."

Einführung

Blockaden entstehen nicht aus Schwäche, sondern aus Erfahrungen, die noch nicht integriert wurden. Sie zeigen sich als innere Widerstände, Ängste, übernommene Glaubenssätze – und laden uns ein, tiefer zu verstehen. Dieses Modul bietet dir vier kraftvolle Methoden, mit deinen Blockaden in Kontakt zu treten – und in echte Selbstwirksamkeit zu kommen.

Teil 1: Schattenarbeit – Was willst du nicht sehen?

C. G. Jung sagte: „Bis du das Unbewusste bewusst machst, wird es dein Leben bestimmen – und du wirst es Schicksal nennen."

Reflexionsfragen:

- Welche Eigenschaften oder Gefühle bei anderen triggern dich besonders?

- Was denkst du über Menschen, die sehr dominant, emotional, laut, still oder frei sind?

- Was davon könnte ein ungelebt gebliebener Teil in dir sein?

Übung:

- Nenne drei Eigenschaften, die du an dir ablehnst oder nie zeigen würdest.

- Formuliere zu jeder: „Ich darf nicht ______ sein, weil ______."

Übertrag: Wie würdest du leben, wenn du diesen Teil integrieren würdest – ohne ihn auszuagieren?

Teil 2: Glaubenssatzanalyse – Was glaubst du über dich?

Reflexionsübung:

- Ich bin …

- Ich darf nicht …

- Ich muss immer …

- Andere erwarten von mir …

Wähle einen Satz, der dich stark einschränkt und stelle dir die Frage:

→ „Ist das wirklich wahr?" (nach Byron Katie)

Reframing: Formuliere eine alternative Version, die dich stärkt, z. B.: „Ich darf Fehler machen – und bin trotzdem wertvoll."

Teil 3: Reframing – Deine Perspektive verändern

Reflexionsübung:

- Nimm eine konkrete Situation, in der du dich blockiert fühlst.
- Was hast du dir in dem Moment über dich selbst gesagt?
- Was wolltest du schützen oder vermeiden?

Perspektivwechsel:

- Wie würde ein wohlwollender Beobachter die Situation deuten?
- Nutze den Satz: „Ich sehe jetzt, dass meine Blockade mir zeigen wollte, …"

Teil 4: Journaling – Der innere Dialog

Wähle eine der folgenden Fragen und schreibe 5–10 Minuten ohne Unterbrechung:

- Was blockiert mich gerade – und wie fühlt sich das körperlich an?
- Welcher Teil von mir will gehört werden?
- Was hält mich wirklich zurück?

Vertiefung: Schreibe eine kurze Nachricht an deine Blockade – was würdest du ihr sagen, und was antwortet sie?

Abschlussimpuls: Deine Blockade als Lehrer

„Ich erkenne, dass meine Blockade kein Gegner ist – sondern ein Teil von mir, der gesehen werden will."

Formuliere einen Satz, den du dir in Zukunft sagen möchtest, wenn deine Blockade sich zeigt:

Mein neuer Umgangssatz lautet:

____

→ Lies diesen Satz regelmäßig – besonders in herausfordernden Momenten.

Modul 4: Entwicklung emotionaler Intelligenz

„Gefühle sind keine Störung – sie sind Orientierung."

Einführung

Emotionen sind keine Schwäche, sondern ein inneres Navigationssystem. Dieses Modul hilft dir, deine emotionale Intelligenz zu stärken – durch Wahrnehmung, Perspektivwechsel und echtes Zuhören. Ziel ist es, dich selbst und andere bewusster zu fühlen, zu verstehen und mit mehr Klarheit zu begegnen.

Teil 1: Emotions-Tracking – Was fühle ich wirklich?

Tägliche Übung (für 5–7 Tage):

Nutze eine einfache Tabelle oder ein Journal, um deine Gefühlswelt zu erfassen:

Spaltenvorschlag: Datum | Gefühl(e) | Auslöser | Reaktion | Was hätte ich gebraucht?

Beispiel:

12.05.25 | Frust, Enttäuschung | Keine Rückmeldung auf meine Idee | Rückzug, Gereiztheit | Anerkennung, Gespräch

Reflexionsfragen nach einer Woche:

- Welche Gefühle zeigen sich häufig?

- Welche Auslöser wiederholen sich?

- Was erkennst du über deine Bedürfnisse?

Teil 2: Perspektivenwechsel – Andere wirklich sehen

Übung: Denke an eine angespannte oder missverstandene Situation mit einer anderen Person.

Beantworte schriftlich:

- Was habe ich gefühlt und gedacht?

- Was könnte die andere Person gefühlt und gedacht haben?

- Was würde ein neutraler Beobachter wahrnehmen?

Tipp: Verwende drei farbige Stifte für jede Perspektive – zur besseren Trennung.

Übertrag:

- Was ändert sich, wenn du dich in die andere Person hineinversetzt?

- Welcher Teil von dir wird dadurch ruhiger, verständnisvoller oder klarer?

Teil 3: Empathisches Zuhören – Mit offenem Herzen hören

Partnerübung (optional):

- Finde eine Übungspartner*in.

- 5 Minuten Redezeit ohne Unterbrechung.

- Zuhörer*in wiederholt sinngemäß das Gehörte.

- Dann Rollen tauschen.

Reflexionsfragen:

- Wie war es, einfach nur zuzuhören?

- Was fiel dir schwer – und was war überraschend leicht?

- Wann wurdest du zuletzt wirklich gehört?

Selbstübung:

- Beim nächsten Gespräch: Spiegeln statt bewerten.

- Achte auf Körpersprache, Stimme, Tonfall – nicht nur auf Worte.

Abschlussimpuls: Gefühle als Kompass

„Ich darf fühlen, was ich fühle. Ich darf zuhören, ohne zu reagieren. Ich darf verbunden sein – mit mir und anderen."

Tägliche Affirmation für 7 Tage – wähle eine:

- „Ich bin offen für meine Gefühle."

- „Ich höre zu, ohne zu urteilen."

- „Ich fühle – und bleibe handlungsfähig."

Schreibe deine Affirmation täglich auf oder sprich sie laut aus – als tägliche Erinnerung an deine emotionale Präsenz.

Modul 5: Die Kunst der strategischen Pausen meistern

„Pausen sind nicht das Gegenteil von Produktivität – sie sind ihr Ursprung."

Einführung

In einer leistungsorientierten Welt erscheinen Pausen oft als Schwäche. Doch wahre Kraft, Kreativität und Klarheit entstehen im bewussten Innehalten. Dieses Modul lädt dich ein, Pausen als zentrale Lebenspraxis zu entdecken – nicht als Auszeit, sondern als Quelle deiner Energie und Orientierung.

Teil 1: Dein aktuelles Pausenverhalten reflektieren

Fragen zur Selbstbeobachtung:

- Wann hast du zuletzt eine Pause gemacht – ohne schlechtes Gewissen?

- Welche Art von Pause tut dir wirklich gut?

- Wann merkst du, dass du eine Pause brauchst – und machst trotzdem weiter?

Mini-Check (für 3 Tage):

Trage jeweils ein: Uhrzeit | Aktivität | Energielevel (0–10) | Pause gemacht? (Ja/Nein)

Reflexion: Wann sinkt deine Energie besonders stark? Wo entstehen natürliche Pausenfenster?

Teil 2: Deep Work & Pause-Zyklen planen

Plane einen Arbeitstag mit Fokus- und Erholungsphasen:

- 3 Deep-Work-Blöcke à 50 Minuten

- 3 aktive Pausen à 10 Minuten

- 1 längere Erholungseinheit (30–60 Minuten)

Beobachte die Wirkung:

Tabelle (Vorschlag): Zeitraum | Fokus-Aufgabe | Deep Work (✓) | Pause (✓) | Wirkung/Notiz

Reflexionsfragen:

- Was hat dir geholfen, fokussiert zu bleiben?

- Welche Pause war besonders erholsam oder klärend?

Teil 3: Micro-Retreat gestalten

Plane ein persönliches Retreat (1–3 Stunden):

Ort: _______________________

Zeitfenster: _______________________

Technik aus? Ja / Nein

Intention: Was möchte ich loslassen, hören oder fühlen?

Mögliche Elemente:

- Stilles Sitzen, meditatives Gehen

- Journaling, intuitives Schreiben

- Naturkontakt (Barfußgehen, Wind spüren)

- Musik, Lesen, kreatives Tun

Reflexion: Was kam innerlich in Bewegung? Welche Impulse waren neu?

Teil 4: Stille-Übung – 7-Tage-Challenge

Übung: 3× täglich 1 Minute Stille – mit Timer:

- Augen schließen oder Blick weich stellen

- Atem beobachten und bis 10 zählen

Tagebuch-Eintrag (Vorschlag): Tag | Uhrzeit | Stimmung vorher | Stimmung nachher | Erkenntnis

Nach 7 Tagen:

- Wie hat sich deine Wahrnehmung verändert?

- Wann tat dir Stille besonders gut?

Abschlussimpuls: Die Kraft des bewussten Nicht-Tuns

„Ich gestalte mein Leben nicht nur durch Tun – sondern durch bewusstes Nicht-Tun."

Formuliere deinen persönlichen Pausensatz:

Wenn ich mir eine echte Pause erlaube, dann …

→ ____

Einführung in Phase 2: SELBSTFÜHRUNG – Deine Alltagswelt gestalten

„Selbsterkenntnis ist der Anfang. Selbstführung ist der Weg."

Du hast begonnen, dich selbst besser zu verstehen. Du hast deine Essenz berührt, Blockaden erkannt, deine innere Stimme gehört.

Jetzt wird es Zeit, dieses innere Wissen nach außen zu bringen – in deinen Alltag, in deine Entscheidungen, in deine Lebensführung.

Denn es reicht nicht, nur zu wissen, *wer* du bist. Du darfst lernen, dich im Alltag so zu führen, dass du *bleiben kannst, wer du bist* – auch unter Druck, auch im Lärm der Welt.

Diese Phase widmet sich deinem **echten Leben**:

Deiner Gesundheit.

Deiner Energie.

Deinem sozialen Umfeld.

Deinen Finanzen.

Deiner täglichen Dynamik.

Es geht um Struktur – aber nicht um starre Pläne.

Es geht um Ordnung – aber keine Kontrolle.

Es geht um Balance – nicht um Perfektion.

Selbstführung heißt: Verantwortung übernehmen.

Nicht aus Pflicht, sondern aus Fürsorge.

Für dich. Für dein Leben. Für deine Welt.

In dieser Phase wirst du Werkzeuge kennenlernen, um gesunde Gewohnheiten zu etablieren, dein soziales Umfeld bewusster zu gestalten, finanzielle Klarheit zu schaffen und deine täglichen Abläufe in Einklang mit deiner Essenz zu bringen.

Du wirst spüren:

Ein klar geführter Alltag gibt dir Freiheit – nicht Enge.

Und Selbstführung bedeutet nicht, dich zu disziplinieren,

sondern dich *nicht mehr zu verlassen*.

Modul 6: Achtsamkeit und psychische Gesundheit

„Was du nicht fühlen willst, kontrolliert dich. Was du achtsam berührst, verwandelt sich."

Einführung

Achtsamkeit ist keine Technik, sondern eine Haltung – eine Rückkehr zur Gegenwart. Inmitten von Reizen, To-dos und Selbstoptimierung ist sie ein Anker für psychische Gesundheit. Dieses Modul lädt dich ein, einfache Werkzeuge für mehr innere Ruhe, Selbstwahrnehmung und bewusste Präsenz im Alltag zu erlernen und zu leben.

Teil 1: Dein aktueller Achtsamkeitsstatus

Reflexionsfragen:

- Wann warst du in den letzten Tagen wirklich präsent – ohne Ablenkung?
- Welche Situationen bringen dich aus dem Gleichgewicht?
- Welche Symptome spürst du, wenn du zu lange nicht innehältst?

Skala (0–10):

→ Wie präsent fühlst du dich aktuell im Alltag? ______

→ Wie ausgeglichen ist dein Nervensystem gefühlt? ______

Teil 2: MBSR – Mini-Übung zur achtsamen Wahrnehmung

Body-Scan (Kurzversion – 5 Minuten):

- Setze oder lege dich bequem hin.
- Lenke deine Aufmerksamkeit nacheinander auf Stirn, Augen, Kiefer; Nacken, Schultern, Arme; Brust, Bauch, Rücken; Beine, Füße.
- Nimm wahr, ohne zu bewerten. Atme in jede Region bewusst hinein.

Nachspüren:

→ Wo spürst du Spannung? Wo Weite? Was überrascht dich?

Stichworte:

____

Teil 3: Atemtechnik für deinen Alltag

Wähle eine Atemtechnik und übe sie 2–3× täglich für je 2 Minuten:

Option 1: 4–7–8-Atmung – 4 Sek. ein, 7 halten, 8 aus (beruhigend, angstlösend)

Option 2: Box Breathing – 4 Sek. ein, 4 halten, 4 aus, 4 halten (zentrierend, fokussierend)

Tagebuch-Vorlage:

Tag | Uhrzeit | Technik | Gefühl vorher | Gefühl nachher

Teil 4: Achtsame Routine (7-Tage-Challenge)

Wähle drei kleine Rituale und integriere sie täglich:

- Drei bewusste Atemzüge beim Aufwachen

- Fünf Minuten achtsames Essen oder Trinken

- Zwei Minuten Stille vor dem Einschlafen

- Kein Handy in den ersten 30 Minuten des Tages

- Ein bewusster Satz pro Morgen (z. B. „Ich darf heute einfach da sein.")

Tracking-Tabelle (7 Tage): Tag | Ritual 1 (✓) | Ritual 2 (✓) | Ritual 3 (✓) | Bemerkung

Abschlussimpuls: Gegenwärtigkeit ist Gesundheit

„Achtsamkeit beginnt nicht mit Meditation – sondern mit einer Entscheidung: Heute bin ich da."

Formuliere deinen persönlichen Morgensatz:

Heute … ____

Modul 7: Pflege eines unterstützenden sozialen Ökosystems

„Du bist nicht für alles allein verantwortlich. Aber du bist verantwortlich dafür, wer um dich herum ist."

Einführung

Persönliche Entwicklung braucht Beziehung. Dieses Modul lädt dich ein, dein soziales Umfeld bewusst zu reflektieren und aktiv zu gestalten – nicht als Perfektionsanspruch, sondern als Einladung zur Resonanz. Wachstum geschieht nicht nur im Inneren, sondern auch im Miteinander.

Teil 1: Beziehungsanalyse – Wer tut dir gut?

Übung: Liste 10–15 Personen deines regelmäßigen Kontakts auf und fülle zu jeder folgende Matrix aus:

Name | Gefühl nach Kontakt (–/0/+) | Was gebe ich? | Was bekomme ich? | Ehrlichkeit (1–10) | Wunschveränderung

Farbcodes zur Markierung:

(grün) nährend   (gelb) neutral   (rot) zehrend

Reflexionsfragen:

- Welche Kontakte kosten dich besonders Energie?

- Wo fühlst du dich gesehen, angenommen, inspiriert?

- Welche Beziehung braucht Klärung, mehr Nähe oder auch Distanz?

Teil 2: Soziale Inventur – Was fehlt?

Fragen zur Vertiefung:

- Welche Art Mensch fehlt dir (z. B. inspirierend, stabilisierend, humorvoll)?

- Welche Qualitäten im Miteinander wünschst du dir?

- Wo findest du solche Menschen (z. B. Gruppen, Orte, Online-Formate)?

Übung:

→ Notiere 3 Eigenschaften, die du vermisst:

→ Wer in deinem Umfeld lebt diese Qualitäten – und wie kannst du die Verbindung vertiefen?

→ Wo kannst du selbst so ein Mensch für andere sein?

Teil 3: Co-Entwicklung – Gemeinsam wachsen

Impulse:

- Wen würdest du gern regelmäßig zum Austausch einladen?

- Welche drei Fragen könnten euch als Reflexionsbasis dienen?

Vorschläge für Monatsfragen:

- Was hat mich zuletzt innerlich bewegt?

- Was möchte ich in den kommenden Wochen stärken oder loslassen?

- Was wünsche ich mir von dir als Resonanz?

Mini-Projekt:

→ Starte eine Co-Entwicklungspartnerschaft:

- 1 Gespräch pro Woche (30 Minuten)

- Fester Check-in: Stimmung – Erkenntnis – Intention

Notizfeld:

Mit wem möchte ich dieses Gespräch führen? ___________________

Wann starte ich? ___________________

Abschlussimpuls: Resonanzräume schaffen

„Wachstum braucht Resonanz. Beziehung ist nicht Beiwerk – sie ist Nährboden."

Satz zum Festhalten:

Ich bin bereit, mein Umfeld zu pflegen, weil …

____

Modul 8: Finanzielle Unabhängigkeit und Management

„Geld ist keine Frage des Kontostands – sondern der Klarheit, mit der du dich dir selbst gegenüber verhältst."

Einführung

Geld ist eines der emotional aufgeladensten Themen – und zugleich eines der kraftvollsten Felder innerer Klärung. Dieses Modul lädt dich ein, deine Beziehung zu Geld zu erforschen, finanzielle Klarheit zu schaffen und bewusst mit deinen Ressourcen umzugehen. Denn finanzielle Unabhängigkeit beginnt in deinem Inneren – mit Haltung, Überblick und Entscheidungskraft.

Teil 1: Dein Money Mindset reflektieren

Fragen zur Selbstklärung:

- Was hast du in deiner Kindheit über Geld gehört?
- Welche Emotionen verbindest du mit Geld?
- Welche Sätze treffen auf dich zu?

- Ich bin nicht gut mit Geld
- Geld kommt und geht
- Ich will nichts mit Geld zu tun haben
- Ich darf Geld verdienen, das mir entspricht

Übung:

- Notiere drei negative und drei positive Glaubenssätze.
- Wandle einen negativen Satz bewusst um.

Beispiel:

Alter Satz: „Geld ist mir nicht so wichtig."

Neuer Satz: „Geld ist ein Werkzeug für meine Freiheit."

→ Wiederhole diesen neuen Satz 7 Tage lang – laut oder schriftlich.

Teil 2: Finanzübersicht erstellen

Mini-Budgetplan:

Bereich | Betrag (monatlich)

- Einnahmen gesamt

- Fixkosten

- Variable Ausgaben

- Rücklagen / Sparen

- Schulden / Verbindlichkeiten

- Frei verfügbar

Reflexion:

- Wo hast du Klarheit? Wo vermeidest du den Blick?

- Wie oft überprüfst du deine Finanzen?

→ Setze dir einen festen Monatstermin für deinen persönlichen Geld-Check.

Teil 3: Einnahmequellen bewusst bewerten

Übung: Liste alle aktiven Einnahmequellen mit folgenden Kriterien:

Einnahmequelle | Betrag mtl. | Energie-Level (–/0/+) | Stabilität (1–10) | Wunschstatus (halten / ausbauen / ersetzen)

Reflexionsfragen:

- Welche Tätigkeit trägt dich emotional und finanziell?

- Wo fühlst du dich abhängig oder eingeschränkt?

- Welche Idee liegt schon lange in dir, aber wartet noch auf Umsetzung?

Abschlussimpuls: Bewusster Umgang mit Geld

„Ich bin bereit, Geld mit Bewusstsein zu führen – nicht aus Angst, sondern aus Verantwortung."

Dein neuer Geld-Satz:

→ Für mich ist Geld … ____

→ Ich erlaube mir, Einnahmen zu schaffen, die … ______________

Modul 9: Beziehungen pflegen, die dich voranbringen

„Beziehungen sind nicht dazu da, dich zu retten – sondern dich zu erinnern, wer du bist."

Einführung

Beziehungen sind kein Beiwerk deiner Entwicklung – sie sind Teil deines Weges. Dieses Modul lädt dich ein, deine Beziehungen bewusst zu reflektieren, zu gestalten und mit Klarheit sowie Herz zu pflegen. Es geht nicht um Perfektion, sondern um Ehrlichkeit, Resonanz und Grenzen, die Nähe ermöglichen.

Teil 1: Beziehungsreflexion – Wer stärkt dich?

Übung: Liste 5–10 Menschen aus deinem aktuellen Leben.

Fragen pro Person:

- Wie fühle ich mich nach einem Gespräch?

- Kann ich in ihrer Gegenwart echt sein?

- Was wünsche ich mir mehr/weniger?

→ Markiere (grün) nährend / (rot) belastend

Reflexion:

- Wo möchte ich bewusst investieren?

- Wo ist ein neuer Umgang oder Abschied sinnvoll?

Teil 2: Kommunikationsübung – Wahrheitsdialog

Anleitung (2 Personen):

- Eine Person spricht 5 Minuten offen, die andere hört zu – ohne Kommentar.

- Danach Rollentausch.

Startimpulse:

- „Was ich dir nie gesagt habe …"

- „Wenn ich ehrlich bin, dann …"

- „Ich wünsche mir von dir …"

Zuhörer: sagt nur „Ich danke dir fürs Teilen."

Reflexion:

- Wie war es, nur zu sprechen bzw. nur zuzuhören?

- Was hat sich emotional verändert?

Teil 3: Deine Beziehungsvision

Fragen zur Klarheit:

- Was macht für dich eine erfüllende Beziehung aus?

- Welche Werte sind dir wichtig?

- Welche alten Muster möchtest du nicht wiederholen?

Übung:

→ Formuliere 3 Sätze in der Ich-Form:

„Ich bin in Beziehungen, in denen …"

→ Lies sie 7 Tage lang morgens laut vor.

Teil 4: Grenzen erkennen und setzen

Reflexionsfragen:

- Wo sage ich Ja, obwohl ich Nein meine?

- Wo fühle ich mich regelmäßig überfordert?

- Wo darf ich klarer sein?

Übung:

→ Formuliere 3 neue Grenz-Sätze:

- Ich brauche gerade … und werde …

- Für mich ist es wichtig, dass …

- Ich kann das gerade nicht leisten, weil …

Optional: Übe sie laut vor dem Spiegel.

Abschlussimpuls: Beziehung als Entwicklungsfeld

„Ich darf Beziehungen führen, die ehrlich, kraftvoll und entwicklungsfördernd sind – für mich und für die anderen."

Dein Beziehungssatz:

→ Ich bin bereit, meine Beziehungen …

Modul 10: Integration der erlernten Fähigkeiten in das Berufsleben

„Wenn du dich veränderst, darf sich auch dein Arbeiten verändern."

Einführung

Dieses Modul hilft dir dabei, deine persönliche Entwicklung in dein berufliches Leben zu übertragen. Es geht darum, mit Klarheit und Selbstverantwortung deine Arbeitswelt mit deiner inneren Haltung, deinen Kompetenzen und deinem Sinnempfinden in Einklang zu bringen – für ein stimmiges, wirksames Berufsleben.

Teil 1: Deine berufliche Vision klären

Fragen zur Reflexion:
- Wie möchte ich in meinem Berufsleben wirken?
- Welche Werte sind mir in meiner Arbeit wichtig?
- Welche Tätigkeiten lassen mich lebendig und echt fühlen?

Übung – Ich-Form-Sätze:
- Ich arbeite in einem Umfeld, in dem …
- Ich bringe meine Stärken ein, indem ich …
- Ich wirke sinnvoll, wenn …

→ Lies diese Sätze regelmäßig laut vor und entwickle sie weiter.

Teil 2: Skill-Transfer – Was du mitbringst

Reflexion:
- Welche Kompetenzen hast du im Rahmen von BE YOUR WORLD entwickelt?

Beispielhafte Übertragungstabelle:

Kompetenz / Erkenntnis | Beruflicher Anwendungsbereich | Nutzen für andere
- Achtsames Zuhören | Teammeetings, Kundengespräche | Mehr Verbindung, weniger Missverständnisse

→ Notiere mindestens fünf übertragbare Fähigkeiten mit konkreten Anwendungsfeldern.

Teil 3: Purpose-Strategie – Dein berufliches Wofür

Fragen zur Sinnfindung:

- Was motiviert dich – auch ohne äußeren Druck?

- Wann fühlst du dich am wirksamsten?

- Welcher Gedanke trägt dich durch schwierige Arbeitstage?

Formuliere deinen Purpose-Satz:

→ Ich bringe Sinn in meine Arbeit, indem ich …

→ Ich stehe für …

→ Mein Beitrag ist …

→ Lies diesen Satz regelmäßig laut vor.

Teil 4: Dein persönlicher Alignment-Plan

Fragen zur Umsetzung:

- Was möchte ich beruflich mehr leben?

- Was will ich reduzieren oder bewusst lassen?

- Welche konkrete Handlung mache ich ab morgen anders?

Beispiel:

- Mehr Fokus auf echte Kommunikation → Montag 15 Min. Dialog im Team starten.

- Weniger Energieverlust durch ständiges Reagieren → Zwei Fokusblöcke/Woche einplanen.

Verpflichtung an dich selbst:

→ Ich integriere meine Entwicklung in mein Berufsleben, indem ich …

Abschlussimpuls: Wirkung durch Echtheit

„Dein Platz in der Welt ist nicht irgendwo da draußen. Er entsteht dort, wo du dich entscheidest, echt zu wirken."

Nächster Schritt:

→ Im nächsten Modul geht es um Fokus, Flow und Leichtigkeit im Alltag.

Einführung in Phase 3: SELBSTAUSDRUCK – Deine Wirkung entfalten

„Was du in dir geklärt hast, darf nun sichtbar werden."

Du hast dich erkannt.
Du hast gelernt, dich zu führen – mit Klarheit, Ruhe und Verantwortung.
Jetzt ist es Zeit, deine **Essenz in die Welt zu bringen**.
Phase 3 dreht sich um das, was andere sehen.
Aber sie beginnt bei dem, was du zu geben hast.
Selbstausdruck heißt nicht, dich zu inszenieren.
Es heißt, dich zu zeigen.
Mit dem, was dich ausmacht – und was du beitragen willst.
Diese Phase ist dein Raum für **Gestaltung, Berufung, Kreativität und Wirkung**.
Du wirst erkunden:

- Wie du dein Leben aktiv und bewusst gestaltest
- Wie du kreative Ausdrucksformen findest, die dir entsprechen
- Wie dein beruflicher Weg mit deiner inneren Wahrheit übereinstimmen kann
- Wie du Wirkung entfalten kannst – ohne dich zu verbiegen

Denn es reicht nicht, dich zu kennen.
Du willst **leben, was du bist**.
Und das bedeutet:
Dich ausdrücken.
Dich mitteilen.
Spürbar werden.
Selbstausdruck ist kein Ego-Trip.
Es ist ein Dienst – an der Welt, die dich braucht.
Du darfst leuchten – nicht, um zu gefallen.
Sondern weil es deine Natur ist.

Willkommen in Phase 3.
Willkommen in deiner sichtbaren Welt.

Modul 11: Meistern Sie Ihre tägliche Dynamik

„Es geht nicht darum, mehr zu schaffen. Es geht darum, das Richtige im richtigen Moment zu leben."

Einführung

Dieses Modul hilft dir, deine persönliche Klarheit und Energie in deinen Alltag zu integrieren. Nicht durch Disziplin, sondern durch ein tieferes Verständnis deiner inneren Rhythmen. Du lernst, wie du deinen Tag so gestalten kannst, dass er dir entspricht – mit Fokus, Leichtigkeit und Sinn.

Teil 1: Dein aktueller Tagesrhythmus

Reflexion:
- Wie sieht ein typischer Tag aus?
- Wann fühlst du dich motiviert und wach?
- Wann verlierst du Energie oder Fokus?

Beispieltabelle:

Zeitfenster | Tätigkeit | Energie (0–10) | Stimmung | Wunschveränderung

Teil 2: Zeitmanagement 2.0 – Zeitblöcke & Prioritäten

Übung: Plane deinen idealen Arbeitstag entlang deiner Energiephasen.

Zeitblock | Aufgabe | Priorität | Intention

Tipp: Farben nutzen für Fokus (grün), Meetings (blau), Pausen (gelb), Routinen (grau).

Frage: Wie fühlt sich ein stimmiger Tag für dich an – im Körper, nicht nur im Kopf?

Teil 3: Habit-Design – Neue Routinen etablieren

Frage: Welche 1–2 kleinen Gewohnheiten würden deinen Tag fühlbar verbessern?

Beispiel:
- Nach dem Zähneputzen → 3 tiefe Atemzüge
- Vor dem Öffnen der E-Mails → Fokusfrage stellen

- Beim Einschlafen → Was war heute lebendig?

Habit-Stapelung (Vorlage): Wenn ich _______ tue, dann tue ich anschließend _______.

Teil 4: Energie-Tracking – Dein 7-Tage-Fluss

Mini-Tagebuch für 7 Tage:

Uhrzeit | Tätigkeit | Energielevel (0–10) | Körpergefühl | Stimmung | Erkenntnis

Nach 7 Tagen:

- Wann warst du im Flow?

- Was hat Energie gegeben – was genommen?

- Was willst du anders takten?

Abschlussimpuls: Dein Tagesrhythmus als Spiegel

„Ein guter Tag ist kein perfekter Tag – sondern einer, der zu mir passt."

Dein neuer Leitsatz:

→ Ich gestalte meinen Tag so, dass …

____

Modul 12: Kreativer Ausdruck und Erkundung

„Kreativität ist nicht das, was du tust. Es ist die Art, wie du bei dir selbst ankommst."

Einführung

In dir lebt ein schöpferischer Funke. Dieses Modul lädt dich ein, deinen kreativen Ausdruck wiederzuentdecken – jenseits von Leistung, Erwartung oder Perfektion. Es geht um Lebendigkeit, Freiheit und deine ganz eigene Art, dich zu zeigen – für dich selbst, nicht für andere.

Teil 1: Einstieg – Was ist für dich kreativer Ausdruck?

Reflexionsfragen:
- Was war deine letzte kreative Handlung – ohne Zweck?
- Welche Ausdrucksformen reizen dich – traust du dir aber nicht zu?
- Wie würdest du gestalten, wenn niemand dich beurteilt?
→ Satzergänzung: „Ich würde mich kreativ ausdrücken, wenn …"

Teil 2: Kreativtagebuch beginnen

Material: Leeres Notizbuch oder große Mappe
Tägliche Impulse (7 Tage à 10 Minuten):
1. Freies Schreiben
2. Kritzelbild mit geschlossenen Augen
3. Collage: „So fühlt sich meine Lebendigkeit an"
4. Mein Name – in 5 Schriftarten/Farben
5. Gedicht aus 5 Wörtern
6. Bewegungstagebuch (Körperhaltung skizzieren)
7. Ausdruck deiner Woche in Form, Wort oder Bild
→ Kein Ziel. Kein Urteil. Nur du.

Teil 3: Expressive Methoden ausprobieren

Wähle 1–2 Übungen:
- Male mit der ungeübten Hand
- Sprich 1 Satz in 5 Emotionen
- Symbol für deine innere Stimme

- Tanze 3 Minuten intuitiv
- Bildreihe: „Ich in 3 Farben"
Reflexion:
- Was war angenehm? Was ungewohnt? Was lebendig?
- Welche Seite von dir kam zum Vorschein?

Teil 4: Die Erlaubnis zur Unvollkommenheit üben
Täglicher Satz (7 Tage): „Ich darf gestalten, ohne zu gefallen."
Impulsfragen:
- Was vermeide ich aus Angst vor Bewertung?
- Wann habe ich zuletzt Freude gespürt – ohne Ziel?
- Was will sich ausdrücken, wenn ich Kontrolle loslasse?
→ Erstelle eine persönliche Erlaubnisliste (mind. 5 Punkte): „Ich erlaube mir …"

Abschlussimpuls: Kreativität als Rückverbindung
„Ich drücke mich nicht aus, um etwas darzustellen – sondern um lebendig zu sein."
Dein kreativer Leitsatz:
→ Wenn ich mir erlaube, sichtbar zu sein, dann …

Modul 13: Die Essenz von BE YOUR WORLD umarmen

„Du bist nicht hier, um dich zu finden. Du bist hier, um dich zu erinnern – und zu leben, wer du bist."

Einführung

Dieses Modul ist ein Innehalten – kein Abschluss. Es lädt dich ein, deine Erkenntnisse zu integrieren, deine Haltung zu festigen und aus der Essenz heraus deinen Alltag bewusst zu gestalten. BE YOUR WORLD ist kein Projekt, sondern eine Lebensweise – und sie beginnt genau hier, bei dir.

Teil 1: Dein persönliches Manifest

Ein Manifest ist ein innerer Schwur – keine Regel, sondern deine Wahrheit.

Startimpulse:

- Ich bin bereit, mein Leben zu führen als …

- Ich stehe für …

- Ich lasse los, was …

- Ich nähre, was …

- Ich bin am lebendigsten, wenn …

→ Gestalte dein Manifest frei: schriftlich, visuell oder akustisch. Lies es 1× pro Woche laut.

Teil 2: Deine Lebenskunst im Alltag

Fragen zur Gestaltung:

- Wo kannst du mehr Tiefe, Schönheit oder Bewusstheit einladen?

- Welche Kleinigkeiten nähren dich?

- Was darf Gewohnheit werden, weil es dir entspricht?

Übung: Notiere 5 Ausdrucksformen deiner persönlichen Lebenskunst.

Beispiele:

- Tee trinken ohne Ablenkung

- Dankeskarte schreiben

- Abendessen als Ritual

- Wertschätzende Worte aussprechen

Teil 3: Integrationstage gestalten

Wähle 1 Integrationstag pro Monat – z. B. zum Neumond oder Monatsanfang.

Beispielstruktur:

08:00 – 10:00 | Stille, Natur oder Journaling

10:00 – 12:00 | Kreativer Ausdruck

12:00 – 14:00 | Achtsames Essen

14:00 – 16:00 | Reflexion

16:00 – 18:00 | Begegnung

Abends | Dankbarkeit + Manifest

→ Kein Input. Kein Social Media. Nur Verbindung.

Abschlussimpuls: Gelebte Essenz

„Ich bin meine Quelle. Ich bin mein Rhythmus. Ich bin meine Welt."

Dein BE YOUR WORLD-Satz:

→ Meine Welt beginnt dort, wo ich …

Modul 14: Gesellschaftliches Engagement und soziale Verantwortung

„Du bist nicht allein auf deinem Weg – und die Welt wartet auf dein Mitwirken."

Einführung

Dieses Modul ist eine Einladung, deinen inneren Entwicklungsweg über dich hinauswirken zu lassen. Gesellschaftliches Engagement ist kein Pflichtprogramm, sondern Ausdruck von Bewusstsein, Verbundenheit und gelebtem Sinn. Wirkung beginnt im Kleinen – bei dir, in deinem Umfeld, mit deiner Stimme.

Teil 1: Purpose Mapping – Was willst du beitragen?

Fragen zur Klärung deines Wirkungsfeldes:
- Was berührt dich spontan im Weltgeschehen?
- Welche Fähigkeiten wollen nach draußen?
- Welche Themen würdest du mittragen, nicht nur lösen?

Formuliere deinen Purpose:

→ „Ich möchte mit meiner Fähigkeit _________ im Bereich __________ beitragen, weil ___________."

Teil 2: Ideen für Community-Engagement

Impulse für konkretes, machbares Mitwirken:

Beispiele: Lese-Nachmittage, Gemeinschaftsgarten, Erfahrungsworkshops, Online-Gruppen

Projekt-Idee:

→ „Ich würde gern ________ mit anderen umsetzen, weil ___________."

Teil 3: Wirkungskreise – Dein Einflussfeld

Visualisiere deine Wirkung in drei Kreisen:

Innerer Kreis: Familie, Team → Gespräch, Einladung, Resonanz

Nahes Umfeld: Nachbarschaft, Netzwerk → Projektidee, Aktion

Weiterer Kreis: Gesellschaft, Online → Beitrag, Initiative, Sichtbarkeit

→ Notiere einen nächsten Schritt in jedem Kreis.

Teil 4: Verantwortung statt Überforderung

Reflexionsfragen:

- Wo ist mein Maß an Wirkung – ohne mich zu überfordern?

- Welche Form des Gebens stärkt mich?

Satzvervollständigung:

→ „Ich übernehme Verantwortung, indem ich …"

→ „Ich bin wirksam, wenn ich …"

→ „Ich darf beitragen, ohne …"

Abschlussimpuls: Mitwirken beginnt bei dir

„Die Welt verändern heißt nicht, alles zu tun – sondern das Eigene bewusst zu tun."

Engagement-Satz:

→ Ich bin Teil dieser Welt – und bringe ein, was …

____

Modul 15: Transformation festigen & weitergeben

„Was du für dich selbst klärst, kannst du für andere sichtbar machen."

Einführung

In diesem finalen Modul geht es darum, deinen Weg zu würdigen, zu verankern und bewusst weiterzugeben. Transformation wird kraftvoll, wenn sie verkörpert und geteilt wird – leise oder laut, sichtbar oder still. BE YOUR WORLD endet nicht – es entfaltet sich durch dich.

Teil 1: Rückblick – Die Reise würdigen

Reflexionsfragen:

- Was war dein Wendepunkt?

- Welche Fähigkeit hast du zurückgewonnen?

- Welche alte Geschichte hast du losgelassen?

- Wer bist du heute?

Übung:

→ Schreibe einen Brief an dein früheres Ich: „Ich bin nicht mehr die Person, die ich war ..."

Optional: Gestalte eine Collage, ein Audio oder künstlerisches Ausdrucksformat.

Teil 2: Ritualisierung – Deine Transformation sichtbar machen

Fragen zur Gestaltung:

- Was möchtest du bewusst abschließen?

- Was möchtest du feiern?

Beispiele für Rituale:

- Stein beschriften & in die Natur legen

- Manifest symbolisch übergeben, verbrennen oder verschenken

- 21-Tage-Morgenroutine starten

Planung:

→ Mein Ritual heißt: „_____________________"

→ Ich führe es am: _____________________

→ Begleitperson(en): _____________________

Teil 3: Peer-Coaching & Mentoring planen

Fragen zur Wirkung:

- Wer könnte von meiner Erfahrung profitieren?

- Wen möchte ich monatlich begleiten?

- Welche Rolle will ich einnehmen?

Planungsschema:

Peer | Ziel | Rhythmus | Startdatum | Format

Teil 4: Abschlussreflexion & BE YOUR WORLD-Zertifikat

Schreibe deinen Abschlusssatz:

→ Ich bin bereit, das weiterzugeben, was …

→ Meine Präsenz wirkt, weil …

Zertifikat-Text:

„Ich habe meinen inneren Weg begonnen, gespürt, gestaltet – und gehe ihn weiter.

BE YOUR WORLD ist kein Ziel. Es ist meine Praxis."

→ Ort: _______________

→ Datum: _______________

→ Unterschrift: _______________

Abschlussimpuls: Deine Welt leben

„Was du für dich gefunden hast, wird zur Einladung für andere. Lebe es – dann wirkt es."

BE YOUR WORLD heißt: Deine Reise fortsetzen – in Ausdruck, Verbindung und Wirkung.